BEI GRIN MACHT SICH IHR
WISSEN BEZAHLT

- Wir veröffentlichen Ihre Hausarbeit,
  Bachelor- und Masterarbeit

- Ihr eigenes eBook und Buch -
  weltweit in allen wichtigen Shops

- Verdienen Sie an jedem Verkauf

Jetzt bei www.GRIN.com hochladen
und kostenlos publizieren

Jana Höhle

Trennung und Scheidung der Eltern. Theoretische Grundlagen und altersabhängige Reaktion des Kindes

Risiko oder Chance für seine Entwicklung

GRIN Verlag

Bibliografische Information der Deutschen Nationalbibliothek:

Die Deutsche Bibliothek verzeichnet diese Publikation in der Deutschen National-
bibliografie; detaillierte bibliografische Daten sind im Internet über http://dnb.d-
nb.de/ abrufbar.

Impressum:

Copyright © 2015 GRIN Verlag, Open Publishing GmbH
Druck und Bindung: Books on Demand GmbH, Norderstedt Germany
ISBN: 978-3-668-00972-1

Dieses Buch bei GRIN:

http://www.grin.com/de/e-book/302686/trennung-und-scheidung-der-eltern-theo-
retische-grundlagen-und-altersabhaengige

GRIN - Your knowledge has value

Der GRIN Verlag publiziert seit 1998 wissenschaftliche Arbeiten von Studenten, Hochschullehrern und anderen Akademikern als eBook und gedrucktes Buch. Die Verlagswebsite www.grin.com ist die ideale Plattform zur Veröffentlichung von Hausarbeiten, Abschlussarbeiten, wissenschaftlichen Aufsätzen, Dissertationen und Fachbüchern.

Besuchen Sie uns im Internet:

http://www.grin.com/

http://www.facebook.com/grincom

http://www.twitter.com/grin_com

Facharbeit im Rahmen der Erzieher Ausbildung

Trennung von Eltern eines 3- 6 jährigen Kindes

Risiko oder Chance für seine Entwicklung ?

Jana Höhle
04.05.2015

1. Einleitung

1.1 Themenbegründung

In Deutschland erleben immer mehr Kinder die Trennung ihrer Eltern. Betrachtet man die Statistiken kann man ab dem Jahr 1992 einen Anstieg beobachten. Im Jahre 2003 erreichte die Scheidungsrate ihren Höhepunkt. 170 256 minderjährige Kinder waren von einer Scheidung betroffen. (vgl. Anhang Abb. 1& 2 Bundesamt, 2014) Scheidungen und Trennungen haben ihren Platz in der Gesellschaft eingenommen. Dadurch sind wir Erzieher mehr mit diesem Thema konfrontiert. Zum einen mit den Chancen, die für die Kinder entstehen, zum anderen mit den Risiken für ihre Entwicklung. Wir sind in unserer Einrichtung selbst mit diesem Thema konfrontiert. Ich finde es wichtig, dass Erzieher beginnen, sich mit diesem Thema zu beschäftigen, um den Eltern und deren Kindern Unterstützung zu leisten. Fragen, die ich mir zu meinem Thema gestellt habe sind: Muss eine Trennung immer ein Risiko für die Entwicklung des Kindes sein? Welche Verhaltensauffälligkeiten können entstehen und wie kann man diesen entgegen wirken? Wie kann ich betroffene Kinder in der Einrichtung unterstützen? Woran erkenne ich, dass ein Kind unter der Trennung leidet?

1.2 Aufbau meiner Arbeit

Meine Facharbeit habe ich mit der Definition von Scheidung begonnen. Danach habe ich mit den Phasen einer Trennung und Scheidung weitergemacht. Die Phasen zeigen auf, welche Probleme sich für die Eltern und die Kinder ergeben und wie sie mit diesen umgehen. Hier werden für die Erzieher erste Zeichen genannt die darauf hindeuten können, dass die Eltern eines Kindes sich trennen und welche Bedürfnisse das Kind in diesen verschiedenen Phasen hat. Im nächsten Abschnitt meiner Arbeit werde ich die verschiednen Umwelteinflüsse und Risiken vorstellen, die zu den verschiedenen Folgen einer Trennung für Kinder führen können. Im nächsten Kapitel werde ich die altersspezifischen Reaktionen näher beschreiben. Dabei gehe ich vor allem auf das Alter von 0-3 Jahren und von 3-6 Jahren ein. Danach beschreibe ich die Langzeitfolgen für die schulischen Leistungen. Ich habe meinen theoretischen Teil mit der Betrachtung der Chancen beendet.

2. Theoretischer Grundlagen zum Thema Trennung und Scheidung

2.1 Defintion von Scheidung und Trennung

„Der Begriff Trennung bezeichnet die Auflösung einer Partnerschaft oder Ehe." Nach Anna Dölling „ist die Ehe in unserer Gesellschaft eine rechtlich legitimierte, auf Dauer angelegte Beziehung zweier ehemündiger, verschiedengeschlechtlicher Personen. Sie wird durch gesellschaftliche, religiöse und weltlich-rechtliche Normen bestimmt" (vgl. Dölling, 2005, S. 5) Vergleicht man heutige Scheidungsstatistiken mit denen von 1985- 2013 wird ersichtlich, dass die Scheidungsrate vor allem in den Jahren 1992 bis 2004 angestiegen ist. Dies wird in den Abb. 1 und 2 im Anhang ersichtlich. Trotzdessen, dass die Scheidungsrate seit 2004 wieder gesunken ist, ist sie immer noch hoch. Im Jahr 2013 waren 136 064 Kinder von einer Scheidung. Zu bedenken ist, dass zu diesen Zahlen die Kinder kommen, deren Eltern nicht verheiratet waren. Nach Anna Dölling wird ersichtlich, dass die Ehe oft nicht mehr auf Dauer angelegt ist und alternative Lebensformen immer mehr an Bedeutung gewinnen. Desweiteren wird die Ehescheidung immer mehr als „normal" angesehen. „Unter Ehescheidung versteht man im Allgemeinen die Auflösung einer Ehe durch ein gerichtliches Urteil, mit Wirkung für die Zukunft, aufgrund so genannter Scheidungsgründe."(z.n. Dölling, 2005, S. 5) Die Scheidung zählt „zu einer der belastendsten Krisen im Leben von Frauen, Männern und Kindern, die von tiefgreifenden Veränderungen für alle Betroffenen begleitet wird. Sie geht einher mit psychischen, sozialen und materiellen Belastungen und hat sowohl Auswirkungen auf die gesamten Lebenszusammenhänge der Betroffenen als auch auf die Reorganisation des familiären Systems nach der Scheidung." (z.n. Dölling, 2005, S. 5) Für Anna Dölling ist die Scheidung, dass beenden eines zusammenlebens von zwei Partnern, dass keine Zukunft mehr hat und mit Trauer und Schmerz verbunden ist. Beide Partner aber auch eine Chance auf einen Nauanfang haben, der mit Hoffnung und manchmal auch Erleichterung verbunden ist. (vgl. Dölling, 2005, S. 6)

2.2 Die Phasen der Scheidung / Trennung

2.1.1 Die Ambivalenzphase

Der Zeitpunkt des Beginns dieser Phase ist schwer bestimmbar. Das Ende kann man jedoch genau bestimmen. Dieses liegt bei der entgültigen räumlichen Trennung der Paarbeziehung. (Bauers in Menne, vgl. Dölling, 2005, S. 13) Die Ambivalenzphase, ist die Phase, in der sich die Partner in einer fortgeschrittenen Ehekriese befinden, die sich in einem oft sehr langen Entscheidungsprozess äußert. Die Eheprobleme verfestigen sich und das Paar geht auf Distanz. (Bernhardt in Menne& Alter, vgl. Dölling, 2005, S. 13) Der ansteigenden Unzufriedenheit folgt die Phase der Ambivalenz, die einhergeht mit Gefühlen der Schuld und der Verzweiflung. (vgl. Glökler, 2014, S. 10) Christine Glökler meint dazu: „Viele Kinder merken in dieser Situation zunächst einmal, dass ihre Eltern stark mit sich selbst beschäftigt sind und weniger Zeit für sie haben. Meist sind die Raktionen der Eltern aufrgnd ihrer Nervosität und Anspannung für das Kind nicht vorhersehbar, was zu einer starken Verunsicherung führt." (Staub L. Felder, W., z.n.Glökler, 2014, S. 10) Wie Anna Dölling festellt, kann das hohe Konfliktniveau bei Kindern zu starken Unsicherheiten führen, zu Angst, verlassen zu werden, und es kann dazu kommen, dass die Kinder die Schuld bei sich suchen. Es kommt oft vor, dass Kinder in die Auseinandersetzungen der Erwachsenen mit einbezogen werden. Sie werden zu Bündnispartnern, Ersatzpartnern, Schlichtern oder werden bewusst oder unbewusst dazu getrieben Partei zu ergreifen. Gerade in dieser Phase bräuchten die Kinder Trost, Unterstützung und Sicherheit. Diese Bedürfnisse werden kaum oder gar nicht von den angespannten Eltern wahrgenommen. (Bernhardt in Menne& Alter, vgl. Dölling, 2005, S. 14) Laut Christine Glökler „Ist für die Erzieherin daher die Erkenntnis wichtig, dass Kinder nicht erst mit der Scheidung psychischen Belastungen ausgesetzt sind. Vielmehr muss die pädagogische Begleitung für, von einer Trennung der Eltern betroffene Kinder, im Kindergarten einsetzen, bevor die eigentliche Trennung vollzogen wird." (Glökler, 2014, S. 11) Anna Dölling stellte fest, dass Kinder in dieser Phase verschiedene Aufgaben zu bewältigen haben. Unter anderem müssen sie lernen latent oder manifest mit den Auseinandersetzungen umzugehen. Es müssen Fähigkeiten entwickelt werden, die instabile Situation zu ertragen und es sollte Einsicht in die Gründe und die eventuellen Folgen erlangt werden. (Osthoff, vgl. Dölling, 2005, S. 14) In dieser Phase hat das Kind nach Aussagen von Christina Glökler, trotz vieler Unsicherheiten noch die Möglichkeit, in seiner Gedankenwelt so zu tun, als ob in in seiner Welt noch alles Ordnung wäre. (vgl. Glökler, 2014, S. 11)

2.1.2 Die Trennungs- und Scheidungsphase

Diese Phase beginnt mit der entgültigen Trennungsphase der Ehepartner. Dies wird am Auszug eines Partners sichtbar. (Bastian, vgl. Dölling, 2005, S. 15) Mit der Scheidung ändert sich die Familiensituation grundlegend. Dabei werden Eltern und Kinder mit neuen Rollen und Beziehungsstrukturen konfrontiert.(Wallerstein& Blakeslee, vgl. Dölling, 2005 S.15) In dieser Phase werden den Kindern Rollen zugeschrieben, die über die normalen Verhältnisse hinausgehen und die Kinder überfordern. Hier muss ein neues Verständnis von Elternschaft und neue Rollen in der Erziehungsarbeit gefunden werden. (Dölling, 2005, S. 15) In dieser Phase können Wiedervereinigunsgedanken entstehen, in diese die Kinder mit einbezogen werden. Durch die Veränderungen entstehen Verluste, wie z.b. der Verlust von geordneten Strukturen der Familie, der Verlust eines Elternteils im alltäglichen Leben. Dazu kommen Ortswechsel wodurch das komplette Umfeld für das Kind wegbricht. Das Kind erlebt die Scheidung der Eltern entwicklungsbedingt unterschiedlich und bezieht diese Trennung teilweise auf sich, macht sich Schuldgefühle. Das Kind kann in seinem Selbstwertgefühl gehemmt werden. Auch in dieser Phase ist es für die Kinder wichtig, dass ihre Bedürfnisse wahrgenommen werden. Da dies von den eigentlichen Bezugspersonen, den Eltern, nicht mehr möglich ist, muss diese Aufgabe von einer anderen nahestehenden Bezugsperson übernommen werden. Dies könnte von näheren Verwandten, Lehreren oder bei jüngeren Kindern, von den Erzieherinnen übernommen werden. (Glökler, 2014, S. 11-12) Anna Dölling schreibt dazu „Leben und Elternhaus können mehrere Jahre destabilisiert bleiben. Die Familie hat ihre Grenzen nicht klar abgesteckt. Sie kann neue Menschen aufnehmen, neue Schulen, neue Liebhaber und bei alledem, eine gute oder schlechte Wahl treffen. Während dieser Zeit ist unklar, was Familie bedeutet und wer dazugehört. Viele Familien wechseln in dieser Übergangsphase mehrmal den Wohnort. Durch das Zerbrechen der bisherigen Familieneinheit verstärkt sich die Unsicherheit der Kinder, die sich in Gefühlen der Einsamkeit und des Verlorenseins ausdrücken können. Die Heranwachsenden sind entwurzelt oder versuchen neue Wurzeln zu schlagen."(z.n. Dölling, 2005 S. 15) Weiterhin stellt Anja Dölling fest, dass für das psychiche Erleben des Kindes der Zeitpunkt der Bekanntgabe der Trennung ausschlaggebend ist. Viele Eltern ziehen diesen Zeitpunkt in die Länge, was für das Kind mehr Verunsicherung bringen kann.

(vgl. Dölling, 2005, S. 16) Nach Anna Dölling stehen Kinder in dieser Phase der Aufgabe gegenüber, die Beziehung zum getrennt lebenden Elternteil neu zu gestalten, aber auch zu dem Elternteil, bei dem das Kind lebt. Zusätzlich müssen sie lernen, die Trennung zu verarbeiten und sich den neuen Lebensbedingungen anzupassen. (vgl. Dölling, 2005, S. 16)

2.1.3 Die Nachscheidungsphase/ Nachtrennungsphase

Diese Phase ist durch ein Gefühl der Stabilisierung gekennzeichnet. In dieser Phase findet die entgültige Umwandlung der Familie in eine neue Lebensform statt. Die Familie hat sich zu einer neuen, sicheren Einheit entwickelt. Hier normalisiert sich die Beziehung zu den anderen Familienmitgliedern. Die Kinder müssen die Trennung der Eltern verarbeiten und verstehen, dass diese Trennung entgültig ist. Sie müssen lernen sich als Scheidungskind zu akzeptieren. Es ist wichtig die Verbindung zum anderen Elternteil zu organisieren. Die Kinder müssen sich an eventuelle neue Partner gewöhnen. (vgl. Dölling, 2005, S. 17-18) Christine Glöckler äußert, dass bei den Kindern zu Beginn dieser Phase Gefühle wie Trauer, Wut und Schmerz eine große Rolle spielen. Außerdem geben sich die Kinder noch weiterhin der Illusion einer Wiedervereinigung hin. Viele Eltern können im Verlauf dieser Phase ihre Kinder mehr emotional unterstützen, auch wenn es noch zu Problemen und psychischen Belastungen kommt. Die Notwendige Unterstützung für die Kinder muss von Erzieherseite her in der Ambivalenzphase oder früher geschehen, denn in dieser zeigen Kinder häufig erste Symptome für die Trennungsbelastung. (vgl. Glökler, 2014, S. 12) „Kaum ein sozialer Übergang ist in vergleichbarem Maße durch eine spezifische Belastungskumulation, durch schwer zu bewältigende Entwicklungsaufgaben und durch z.T. lang andauernde Verhaltenstörungen gekennzeichnet." (z.n. Glökler, 2014, S. 12)

2.3 Risiken und Umwelt Faktoren die negative Folgen hervorrufen können

In diesem Kapitel sind mir die Grundbedüfnisse des Kindes wichtig, die wenn sie nicht genügend befriedigt werden, zu diversen Folgen führen können. Denn „für ein Kleinkind ist es nicht von Bedeutung, dass die Ehe der Eltern gescheitert ist. Es kann sich unter der Ehe und Scheidung nichts vorstellen. Bedeutungsvoll für sein Wohlbefinden ist, was sich in seinem Leben verändern wird." (Largo & Czernin, 2003, S. 28) Die Scheidung selbst, löst nicht unbedingt entwicklungsgefährdende Folgen beim Kind aus, sondern mehr die Umstände, die um die Scheidung herum geschehen. Wenn ein Kind unter der Trennung leidet, dann deswegen, weil seine Grundbedürfnisse nicht mehr oder nicht ausreichend befriedigt werden. Wenn der Vater aus der gemeinsamen Wohnung ausgezogen ist, sich aber während die Mutter arbeitet um das Wohl des Kindes gesorgt hat, so ist es für das Kind ein sehr schwerwiegender Verlust, wenn der Vater die Wohnung verlässt und nur am Wochenende verfügbar ist. Ist für das Kind keine andere Bezugsperson verfügbar, die diesen Verlust ausgleicht und die Grundbedürfnisse des Kindes befriedigt, dann wird das Kind unter diesen Umständen leiden. Kinder brauchen um sich wohlzufühlen, ständig eine vertraute Person um sich. Ein Mangel an Geborgenheit und Zuwendung hat einen großen Einfluss auf das psychische Wohlbefinden des Kindes und kann sich negativ auf dessen Entwicklung auswirken. Die benötigte Geborgenheit kann nur von Erwachsenen vermittelt werden, die dem Kind vetraut sind. Eine Erzieherin, die das Kind nicht kennt, da das Kind die Kita nach der Trennung wechseln musste, kann diesen Part nicht übernehmen. Dem Kind fehlt neben dem Vater auch die vertraute Bezugsperson in der Kindertageseinrichtung. Auch die Art und Weise wie bestimmte Bezugspersonen mit den Kindern umgehen und auf sie eingehen, spielt eine entscheidende Rolle. Eine Mutter, die dem Kind permanent mit Frustration gegenübertritt, kann das Wohlbefinden des Kindes genauso beeinflussen und Folgen hervorrufen. Zu den Grundbedürfnissen kommen noch vier weitere Faktoren. Diese vier Faktoren sind, die individuelle Persönlichkeit des Kindes, die Familie selbst, die Lebensbedingungen und die gesellschaftlichen Rahmenbedingungen. Je nach Persönlichkeit des Kindes leidet ein Kind unterschiedlich unter der Trennung. In den Faktor der Familie spielen die Grundbedürfnisse der Zuwendung und Geborgeheit mit hinein. Werden diese wie weiter oben beschrieben, nicht befriedigt, beginnt ein Kind unter der Trennung zu leiden. Verarbeiten die Eltern die Scheidung psychich nicht, werden depressiv und können sich nicht um das Kind kümmern, können Folgen für das Kind und seine Entwicklung entstehen. Wenn die Eltern sich ablehnend ggnüber stehen oder immer wieder in Konflikte geraten, gerät das Kind währenddessen zwischen die Fronten der Eltern, es kann sich schuldig fühlen oder das Gefühl haben, Partei ergreifen zu müssen. Eine Trennung zieht oft finanzielle Veränderungen mit sich. Dies kann für das Kind bedeuten, dass die Mutter oder der Vater umziehen muss, dass sie sich Vieles nicht mehr leisten können und für die Eltern ein psychicher Druck entsteht, der sich auf das Kind überträgt. Eventuell hat der betreuende Elternteil keinen freien Gedanken, für die notwendige Zuwendung gegenüber dem Kind.

Dadurch werden die Grundbedürfnisse des Kindes wiederum nicht befriedigt. Der finanzielle Faktor muss nicht zwingend zu negativen Folgen führen. Einen entscheidenden Faktor für negative oder positive Folgen spielen auch die Lebensbedingungen. Um das Wohlbefinden des Kindes zu wahren und Entwicklungsgefährdungen zu verhindern, sollte man vor allem Familie, Lehrer, Freunde oder Erzieher mit einbinden. Häufig ist es den getrennt lebenden Eltern nach der Trennung nicht möglich, dieses Wohlbefinden alleine ohne Unterstützung zu sichern. Eltern sollten sich nicht schämen Hilfe in Anspruch zu nehmen. Dieses soziale Netzwerk sollte einen sicheren Grundstein bilden für alle beteiligten bilden. Bei den Lebensbedingungen kann sich für das Kind seine Lebenwelt ändern. Ein Kindergartenwechsel oder Wohnortwechsel kann zu Stress führen und das Kind tiefer in seine emotionale Verunsicherung treiben. Genauso spielen die gesellschaftlichen Rahmenbedingungen eine Rolle. Darunter zählt die Religion, das gesellschaftliche Ansehen, die Bildung und das Sozial- und Wirtschaftssystem. Eine muslimischer Elternteil könnte bei einer Trennung von Verwandten verstoßen werden, dies könnte auch bei einem Elternteil passieren, deren Eltern tief religiös sind. Diese gesellschaftliche Unsicherheit kann auf das Kind übertragen werden, die entstandenen Unsicherheiten werden verstärkt. Weiterhin gibt es viele weitere Faktoren, die sich entwicklungsgefährdend und negativ auf das Verhalten auswirken können.(vgl. Largo & Czernin, 2003, S. 314)

3. Reaktionen und Folgen im Zusammenspiel mit dem Alter der Kinder

3.1 Alterspezifische Reaktionen und negative Folgen der Scheidung

Je nach Alter, Chrakater und Faktoren der Scheidung werden Kinder sehr unterschiedlich auf die Trennung ihrer Eltern reagieren. Jedoch werden Eltern die vorhaben sich zu trennen, nicht auf den passenden Zeitpunkt warten wollen, zu dem auch das „Alter" der Kinder passt. (C. Koch & C. Strecker, 2014 S.17-18) Es gibt Reaktionen wie z.B. Trauer, Wut, Zorn, Schuldgefühle, Ängste etc. die in jedem Alter und bei Jungen als auch Mädchen vorkommen. Neben diesen Reaktionen gibt es auch altersspezifische Reaktionen die von den Kindern gezeigt werden. Dabei leiden Kinder unter sechs Jahren am meisten unter der Trennung, da sie aufgrund ihres kognitiven Entwicklungsstandes zwar die familiäre Veränderung registrieren, diese aber nicht verstehen.. Außerdem können sie im Gegensatz zu älteren Kindern nicht aktiv versuchen durch geistige oder körperliche Anstrengung mit ihren Gefühlen umzugehen. Dies muss im Kindergartenalter durch die Erwachsenen initiiert werden. (Glökler, 2014, S. 13) „Für Fachkräfte ist es wichtig, die Reaktion der Kinder auf die Familienäuflösung eher als altersspezifische Bewältigungsstrategien zu sehen denn als Verhaltensaufälligkeit." (Glökler, 2014, S. 14) Christine Glökler meint, dass die Erzieher über geschlechtsspezifische Reaktionen informiert sein sollten. Mädchen reagiern in Krisensituationen mit internaliesierenden Reaktionen, wie Schüchternheit, Gehemmtheit oder Überangepasstheit, wobei Jungen eher zu externalisierendes Verhalten tendieren, z.b. Agressivität oder Hyperaktivität. Jungen sollten in solch einem Fall eher Zuwendung und Verständnis erhalten, anstatt unter negativen Saktionen leiden zu müssen. (vgl. Glökler, 2014, S. 14)

3.2 Reaktionen von Kinder im Alter zwischen 0- 3 Jahren

Koch und Strecker äußern, dass wenn die Trennung sehr früh in der Kindheit statt findet, sprich kurz nach oder vor der Geburt, wird der frühe Verlust und die Anspannung der Mutter während der Schwangerschaft vom Kind wahrgenommen, jedoch bleibt diesen Kindern eine frühe existentielle Hilflosigkeit erspart und sie können sich später nicht bewusst an ein gemeinsames Leben erinnern. Beobachtungen aus der Bindungstheorie, haben gezeigt, dass unter 3- jährige Kinder, unter der Trennung leiden. Besonders dann, wenn sie verhäuft Auseinandersetzungen und Streit über längeren Zeitraum ausgesetzt sind. Diese können sich bedrohlich auf die Gewährung von Schutz und Geborgenheit der Kinder auswirken. „Dann fallen sie buchstäblich aus dem Nest und es können sich alterspezifische Verhaltensauffälligkeiten ergeben, die oft mit Rückschritten in ihrer Entwicklung zusammenhängen." (z.n. C. Koch & C. Strecker, 2014, S. 18) Christine Glökler meint, dass diese Kinder noch über wenige Kompetenzen verfügen mit Stress umzugehen. Sie reagieren mit psychosomatischen Beschwerden und einer deutlichen Verhaltensänderung. „Eine davon ist ihre Flucht in die Regression, die mit Symptomen wie Fremdeln, Einnässen, Einkoten und Rückfall in kindliches Sprachverhalten einhergeht. Durch dieses regressive Verhalten hoffen die Kinder, wie früher bedingungslos geliebt zu werden und Zuneigung zu bekommen. Andere Symptome sind: Weinerlichkeit, allgemeine Angstzustände, Gereiztheit, starker Wunsch nach psychischem Kontakt und Trotzverhalten." (z.n. Glökler, 2014, S. 13) Christine Glökler äußert auch, dass den Kindern die Endlichkeit einer Liebesbeziehung bewusst geworden ist und sie haben Angst, dass sie vom verbliebenem Elternteil verlassen werden. Deshalb sind akute Trennungsängste und eine Überbindung an den verbliebenen Elternteil weitere Symptome. (vgl. Glökler, 2014, S. 13)

3.3 Reaktionen von Kinder im Alter zwischen 3- 6 Jahren

„Kinder dieser Altersstufe reagieren in hohem Maße verstört auf den Verlust des Vaters/ der Mutter und geben ihrem Verlangen nach dem abwesenden Elternteil großen Ausdruck." (z.n. Glökler, 2014, S. 13) Sie versuchen im Gegensatz zu jüngeren Kindern, die Veränderung in ihrem Leben zu verstehen, sind meist jedoch nicht in der Lage die Ursachen und Wirkungen zu verstehen. Durch ihre egozentrische Perspektive kann eine Ursachenzuschreibung statt finden, die meist realitätsverzerrt ausfällt. Die Kinder können Selbstanschuldigungen aufstellen. Es können depressive Einbrüche mit schweren Schuldgefühlen und Selbstzweifeln die Folge sein. In dieser Altersspanne reagiern die Kinder auf eine Trennung oft mit Weinerlichkeit und Agressionen. Im Spiel kann man beobachten, dass diese Kinder Trauer und Einsamkeit ausdrücken, später kann das Spiel zunehmend gehemmter werden. Bei den Kindern zwischen 5- 6 Jahren gibt es signifikante Unterschiede zu den 3-5 Jährigen. Bei den 5-6 jährigen Kindern ist es so, dass sie die Trennung der Eltern und die Veränderungen verstehen. Vor allem in dieser Altersspanne gibt es Kinder, die scheinbar gar nicht auf die Trennung der Eltern reagieren. (vgl. Glökler, 2014, S. 13-14) Jedoch gibt es in dieser Altersspanne Kinder, die stark auf die Trennung reagieren und zum Beispiel vermehrt Angst vor der Dunkelheit oder Agressivität zeigen. Es kann vorkommen, dass Kinder das in der Familie erlernte Sozialverhalten auf Kinder im Kindergarten übertragen. Sie spielen agressiver und können verrückte Fantasien entwickeln. Sie zeigen weniger Ausdauer und Durchhaltevermögen, schauen mehr zu, anstatt mitzuwirken. Außerdem trauen sie sich selten, über Probleme zu sprechen. Weiterhin sind psychosomatische Störungen, wie z.B. Bettnässen, Kopf- und Bauchschmerzen oder Schlafstörungen möglich. Es können phasentypische Störungen auftreten z.B. weil gegengeschlechtliche Emotionen vernachlässigt werden. Beim Mädchen fehlt der gegengeschlechtliche Elternteil, somit der Vater, der für die spätere Partnerwahl eine große Rolle spielt, da Mädchen in dieser Entwicklungsphase sich das Verhalten und die Einstellungen des Vaters einprägen. Mädchen können sich nicht mit den konstruktiven Mutterrivalitäten auseinander setzen, während Jungen sich aus ödipalen Gründen sehr eng an die Mutter binden können. Gegengeschlechtliche

Lernvorgänge finden trotzdem statt, jedoch können die Lernziele nur teilweise oder gar nicht erreicht werden. (vgl. Laykam, 2010, S. 7-8)

3.4 Langzeitfolgen für die schulichen Leistungen

Über die Auswirkungen auf die schulischen Leistungen von Kindern gibt es keine bekannten Studien. Was bei der hohen Scheidungsrate sehr erstaunlich wirkt. Direkte Folgen auf den kognititven Bereich, durch die Scheidung, sind häufig von kurzer Dauer. Was bedeutet, dass die schulichen Leistungen kurzfristig nachlassen können. Die Belastungen, die das Kind hat, sollten dem Lehrer offen gelegt werden, damit die Schule darauf eingehen kann und keinen zusätzlichen Stressfaktor darstellt. Nur so kann der Lehrer seine Erwartungshaltung dem Kind und der Situation gegenüber anpassen. Dass Kinder auf eine Trennung der Eltern emotional reagieren ist völlig normal und das Wort „Verhaltenstörung" sollte unbedingt vermieden werden. Manchmal beschäftigt dieses Lebensereignis ein Kind so stark, dass es in der Schule unkonzentrierter und nicht aufmerksam ist oder nicht still sitzen kann. Teilweise können diese Kinder aggressiver sein und schneller wütend werden. Diese Symptome ähneln denen von Kindern mit „ADHS". Man sollte bei Scheidungskindern eine solche Diagnose vermeiden und erst die psychische Verfassung des Kindes genauer betrachten. Eine vorschnelle Stigmatisierung würde die Situation für das Kind unerträglich machen, da die Kinder emotional sehr verunsichert sind und sich selbst teilweise die Schuld an der Trennung geben. (vgl.Claus Koch & Koch, 2014, S. 71)

3.5 Langzeitfolgen für das Erwachsenenalter

Laut Claus Koch und Christoph Strecker können sich bei 105- 20% der Scheidungskinder Langzeitfolgen ergeben. Diese Langzeitfolgen finden sich weniger im kognitiven Bereich, also sprich in den schulichen oder später beruflichen Leistungen als viel mehr in den emotionalen Bereichen wieder.Jedoch gibt es keine Gestzmäßigkeit, dass eine Trennung automatisch zu >>bleibenden Schäden<< führen kann oder muss. Claus Koch und Christopher Strecker beschäftigten sich in ihrem Buch zu diesem Thema mit den Studien von Mavis Hetherington. Diese stellte in ihren Studien, die sie mit 1500 Kindern über 30 Jahren machte fest, dass 80% der Kinder sich auf ihr neues Leben einstellen konnten und zu ausgeglichenen Individuen wurden. 20% dieser Kinder kamen mit ihrem Leben weniger zurecht und hatten große Schwierigkeiten mit der Lebenssituation klar zu kommen. Mavis Hertherington nahm in ihre Studien auch Kinder auf, die aus >>intakten<< Familien kamen, da die meisten Familien gar nicht so >>intakt<< sind wie sie scheinen. Vergleicht man beide

Gruppen miteinander, so stellt man fest, dass 10% der Kinder aus >>intakten<< Familien zu späteren Problemfällen werden, wobei klar wird, dass ein weniger großer abstand zu den 20% der Kinder von geschiedenen Eltern besteht, wie vielleicht immer angenommen wird. Judith Wallerstein stellte in ihrer Studie wiederum fest, dass Scheidungskinder später häufiger unter Bindungsstörungen leiden können, sie binden sich mehr an ihre Eltern und haben ein größeres Problem mit dem Erwachsen werden. Es kann zu Vermeidungsverhalten bei der Partnerwahl kommen und zu einen oberflächlichen Beziehungsführung. Diese Beobachtungen ihrer Studie werden auch von Untersuchungen von verschiedenen Bindungstheoretikern Bestätigt.(vgl. Claus Koch & Koch, 2014, S. 68-69) In dem Buch „Glückliche Scheidungskinder" gehen remo H. Largo und Monika Czernin ebenfalls auf das Thema ein. Sie erwähnen dabei, dass Scheidungskinder mehr Angst entwicklen verlassen zu werden und weniger an stabile Beziehungen glauben. Aufgrund des großen Bedürfnisses nach Geborgenheit stürtzen sie sich häufig sehr unüberlegt und verfrüht in Beziehung und treffen überstürtzte Entscheidungen. Daher ist die Scheidungsrate bei Kindern die selbst eine Scheidung miterlebt haben häufig höher als bei Kindern die aus eine >>intakten<< Familie stammen. Jedoch gibt es natürlich auch positive Folgen für Scheidungskinder. Sie sind meist früher Selbstständig, haben ein großes Verantwortungsgefühl für sich, für andere Menschen und Geschwister.(vgl. Largo & Czernin, 2003, S. 312)

4. Die Trennung als Chance

4.1. Die Trennung als Chance für Kinder

„Glückliche Scheidungskinder sind leider eine Minderheit. Es gibt viel zu wenige davon und deshalb ist es verständlich, dass Kindergärtnerinnen, Lehrer und Ärzte sofort an eine Palette von Problemen denken, wenn sie es mit einem Scheidungskind zu tun haben." (Largo & Czernin, 2003, S. 235) Remo H. Largo und Monika Czernin sind der Meinung, dass wir uns, eine andere Vorgehensweise im Umgang mit Scheidungskindern angewöhnen sollten. Anstatt darauf zu warten, welche Auffälligkeiten diese zeigen könnten, sollten wir eher danach schauen, welche Bedürfnisse bei Kindern nicht befriedigt werden. (vgl. Largo & Czernin, 2003, S. 235) Scheidungskinder müssen nicht unglücklich sein, die Scheidung der Eltern muss nicht eine Katastrophe für die Kinder darstellen, denn es ist wichtig, zu wissen ob das Wohlbefinden des Kindes beeinträchtigt ist. Eine Trennung wirkt dann negativ, wenn die Betreuung nicht mehr richtig gewährleistet ist und die Grundbedürfnisse des

Kindes nicht ausreichend befriedigt werden. Auch die negativen Gefühle der Eltern für einander wirken sich aufeinander aus. (vgl. Largo & Czernin, 2003, S. 8) Trotzdem ist es möglich, dass ein Scheidungskind glücklich aufwächst und die Scheidung seine Entwicklung nur gering oder gar nicht beeinträchtig. Dafür bedarf es bestimmter Verhaltensweisen, der Eltern, der Familie, der Umwelt, um die „Katastrophe", zu einer Chance werden zu lassen.

4.2 Chancen die sich aus einer Trennung ergeben

In erster Linie ist eine Scheidung eine Chance den familiären Konflikten zu entgehen. Denn wie wir oben schon erfahren haben, stellt nicht die Scheidung ein Risiko dar, sondern meist die teilweise über Jahre andauernden Konflikte. Eine Scheidung kann den Kindern Chancen und einen Zuwachs an Kompetenzen ermöglichen. Chancen können sein: Toleranz gegenüber anderer Lebensformen und erlenen verschiederner Schlüsselkompetenzen. Viele Scheidungskinder entwicklen eine Sensibilität für Beziehung und damit eine erhöhte Sozialkompetenz oder sind resilienter gegenüber Krisensituationen. Sie fixieren sich seltener auf Geschlechtsstereotypisierung und überschreiten traditionelle Geschlechtergrenzen. (vgl. Glökler, 2014, S. 14) Meistens haben diese Kinder später die Chance, neue Bezugspersonen dazu zu gewinnen, da die Eltern neue Partnerschaften eingehen. Für Einzelkinder bedeutet dies Halbgeschwister zu bekommen. Auch zu den neuen Partnern der Eltern, können die Kinder eine Bindung aufbauen und neue Erfahrungen gewinnen und sich mit diesen über Dinge austauschen, über die sie mit ihren Eltern nicht sprechen können. Bei dieser kurzen Auflistung, die Christine Glöckler in ihrem Artikel macht, wird deutlich, welche Gratwanderung bei einem Scheidungskind auf eine Fachkraft zukommt. Es ist wichtig für die Fachkraft die Risiken und Folgen nicht zu unterschätzen, gleichzeitig die von Scheidung betroffenen Kinder und Familien nicht zu stigmatiesieren. (vgl. Glökler, 2014, S. 14)

4.3 Schutzfaktoren die aus einer Trennung eine Chance machen

„Trennung und Scheidung müssen nicht zu bleibenden Schäden bei den Kindern führen, dies ist eine wissenschaftlich bewiesene Tatsache." (Claus Koch & Koch, 2014, S. 76) Damit es ihnen in ihrem späteren Leben gut geht, müssen bestimmte Vorraussetzungen erfüllt sein. Diese Vorraussetzungen erfordern von getrennt lebenden Eltern meist mehr Einsatz als von Eltern in „intakten" Familien. Für die Kinder ist die Verlässlichkeit der Eltern von enormer Bedeutung. Das bedeutet, dass die Kinder sich auf die Fürsorge und den Schutz der Eltern verlassen können müssen.

Die Eltern müssen schnellstmöglich eine neue verlässliche Alltagsstruktur schaffen, in der sich das Kind sicher und aufgehoben fühlen kann. Dabei sollte man darauf achten, dass vor allem ständige Ortswechsel bei den jüngeren Kindern bis zum zehnten Lebensjahr sehr verunsichernd wirken können. Die Eltern müssen nicht übertrieben harmonisch miteinander umgehen, denn das könnte dazu führen, dass die Kinder sich fragen, warum die Eltern sich überhaupt getrennt haben. Offene Streitigkeiten oder Beschimpfungen sollten unterlassen werden. Ein offener Meinungsaustausch kann stattfinden, wenn dieser ruhig und vernünftig abläuft. Eventuell kann ein „Gelöbnis" vor den Kindern abgeben werden, dass besagt, dass man sich nicht gegenseitig schlecht macht. Ein großes Problem bei getrennt lebenden Eltern ist das verwöhnen der Kinder, meist aus falschen Schuldgefühlen heraus. Vor allem der Elternteil, bei dem das Kind nicht lebt versucht mit Geschenken sein schlechtes Gewissen zu beruhigen, da er für das Kind weniger da sein kann. Nach Claus Koch und Christopher Strecker haben neue Untersuchungen ergeben, das Kinder vom getrennt lebenden Elternteil kein „Laisser - fairen" Erziehungsstil wollen, sondern einen autoritativen Erziehungsstil erwarten. Sprich, einen Elternteil der Grenzen setzt, Verantwortung übernimmt und der für Verbindlichkeit steht. Eltern sollten darauf achten, dass Kinder nicht zum Partner werden. Dies geschieht meist beim alleinerziehenden Elternteil, jedoch geht der Wunsch ab und an auch von den Kindern aus. Eltern müssen klar ihre Interessen von denen der Kinder trennen. Um mit dem Kind ein neues und positives Leben beginnen zu können, ist es wichtig, den Blick in die Zukunft zu richten, denn nur so kann man den Kindern einen optimistischen Blick in die Zukunft vermitteln und ihnen ein gutes Lebensgefühl mit auf ihren Lebensweg geben. Bei langanhaltenden Depressionen sollte dringend Hilfe in Anspruch genommen werden. Die Kinder orientieren sich in ihrem Verhalten und in ihrem Handeln an den Eltern. Depressionen seitens der Eltern können das Verhalten dieser beeinflussen und sich auf das Kind übertragen. Dazu kommt, dass depressive Eltern nur wenig in der Lage sind sich um das Wohlbefinden der Kinder zu kümmern. Wichtig sind, Freunde und Verwandte. Zu den Langzeitfolgen bei Scheidungskindern zählt ein niedriges Selbstwertgefühl. Dieses sollte von Eltern und Erziehern gestärkt werden. Um dieses Selbstwertgefühl aufzubauen ist es wichtig, den Kindern zu vermitteln wie wichtig sie sind, dass sie liebenswert und besonders sind. Dies gilt auch, wenn die schulichen Leistungen am Anfang etwas leiden. Gerade bei Schulkindern wirkt es ich negativ aus, wenn diese für ihre abfallenden Leistungen bestraft und ausgeschimpft werden. Einer der wichtigsten Punkte ist der, dass beide Eltern, Eltern bleiben. Eltern sollten miteinander kooperieren. Verstehen Eltern sich privat schlecht sollte, nur auf Ebene der Kinder miteinander kommuniziert werden und die Eltern sollten sich auf dieser Ebene kooperativ verhalten. Es ist wichtig, dem Kind zu vermitteln, dass es „ok" ist, wenn das Kind beim anderen Elternteil ist und mit diesem „tolle" Sachen unternimmt. Das Kind sollte die Möglichkeit bekommen, von diesen Erlebnissen erzählen zu können, ohne dass diese abgewertet werden. (vgl. Claus Koch & Koch, 2014, S.76) Ich möchte nochmals darauf eingehen, wie wichtig es ist, sich ein soziales Umfeld zu bilden, dass einem im Bedarfsfall unterstützen kann. Vor allem an den Tagen, an denen man als Elternteil besonders unter der Trennung leidet. In diesem Fall sollte man versuchen, dass Kind bei vetrauten Bekannten, Freunden oder Verwandten unterzubringen, um das Kind nicht mit seinen Emotionen zu belasten und sich selbst die Möglichkeit des Rückzugs zu geben. Viele der oben aufgezählten Schutzfaktoren können auch von Erziehern geleistet werden. In der Kita kann man das Selbstbewusstsein des Kindes stärken. Dem Kind zeigen, dass es so gut ist wie es ist und es loben und ihm die entsprechende Zuneigung und Geborgenheit geben die es braucht. Gerade in der Zeit der Unsicherheiten und Veränderungen sollten die Erzieher dem Kind eine Verlässliche Bezugsperson sein und dem Kind klare Strukturen geben.

Anhang

Ehescheidungen
in Tsd.

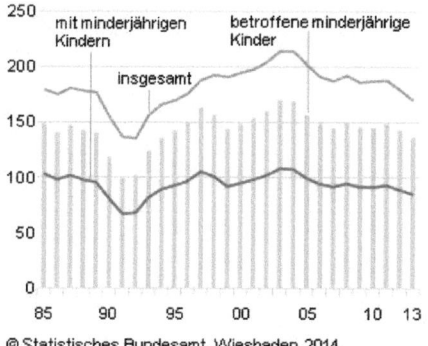

© Statistisches Bundesamt, Wiesbaden 2014

(Abb. 1)
https://www.destatis.de/DE/ZahlenFakten/GesellschaftStaat/Bevoelkerung/Ehescheidungen/ScheidungenDeutschland.html

Ehescheidungen und betroffene minderjährige Kinder

Jahr	Ehescheidungen	darunter Ehescheidungen mit minderjährigen Kindern	betroffene minderjährige Kinder
2013	169 833	84 844	136 064
2012	179 147	88 863	143 022
2011	187 640	92 892	148 239
2010	187 027	91 455	145 146
2009[1]	185 817	91 474	145 656
2008	191 948	94 521	150 187
2007	187 072	91 700	144 981
2006	190 928	94 120	148 624
2005	201 693	99 250	156 389
2004	213 691	107 106	168 859
2003	213 975	107 888	170 256
2002	204 214	101 830	160 095
2001	197 498	98 027	153 517
2000	194 408	94 850	148 192
1999	190 590	91 777	143 728
1998	192 416	100 806	156 735
1997	187 802	105 000	163 112
1996	175 550	96 577	148 782
1995	169 425	92 664	142 292
1994	166 052	89 244	135 318
1993	156 425	81 853	123 541
1992	135 010	68 089	101 377
1991	136 317	67 142	99 268
1990	154 786	80 713	118 340
1989	176 691	95 483	139 746
1988	178 109	97 644	141 696
1987	180 490	101 623	146 516
1986	174 882	97 708	140 604
1985	179 364	103 210	148 424

(Abb 2)

Nach:
https://www.destatis.de/DE/ZahlenFakten/GesellschaftStaat/Bevoelkerung/ Grafik/Eheschei
dungenKinder.html

Literaturverzeichnis

Bastian, H. (1993). Geschiedene Kinder. Über das gemeinsame Sorgerecht nach der Scheidung: Voraussetzungen und Hilfen. Münster, Hamburg: Lit Verlag

Bauers, B. (1997) Psychische Folgen von Trennung und Scheidung für Kinder. In Menne K. Schilling, H. Weber, M. (Hrsg.), Kinder im Scheidungskonflikt. Beratung von Kindern und Eltern bei Trennung und Scheidung. Eine Veröffentlichung der Bundeskonferenz für Erziehungsberatung. (2. Auflage) (S. 39-62). Weinheim, München: Juventa Verlag

Bernhardt, H. (1988). Scheitern oder Chancen. Erfahrungen aus der Zusammenarbeit mit Scheidungsfamilien. In Menne, K.& Alter, K. (Hrsg.), Familie in der Kriese. Sozialer Wandel, Familie und Erziehungsberatung. (S.119-135). Weinheim und München: Juventa Verlag

Bundesamt, S. (2014). Destatis. (S. Bundesamt, Herausgeber) Abgerufen am 26. Februar 2015 von https://www.destatis.de/DE/ZahlenFakten/GesellschaftStaat/Bevoelkerung/Ehescheidungen/Scheid ungenDeutschland.html;jsessionid=CE7B7F6EC32C5BA65A2752E59E9A30E6.cae1.

Claus Koch, C. S., & Koch, C. C. (2014). Kinder bei Trennung und Scheidung helfen. (B. Schön, Hrsg.) Idstein: Beltz.

Dölling, A. (Oktober 2005). Diplomarbeit "Scheidungskinder und sozialpädagogische Hilfen, Eine Einzefallstudie zur Lage der Kinder in Trennungssituationen.". (U. Siegen, Hrsg.) Abgerufen am 26. Februar 2015 von Bildung Uni Siegen: www.bildung.uni-siegen.de/mitarbeiter/wolf/files/download/wissdiplom/anna-doell

Glökler, C. (April 2014). Scheidungserleben von Kindern. (S. Dittmar, Hrsg.) kindergarten heute (4/2014), S. 10.

Largo, R. H., & Czernin, M. (2003). Glückliche Scheidungskinder. München: Piper Verlag GmbH.

Laykam, N. (2010). Scheidung heute: Folgen für Scheidungskinder. Norderstedt Germany: Grin Verlag GmbH.

Osthoff, R. (1997), Elterliche Trennung und Scheidung aus der Perspektive der betrofenen Kinder. In Krieger, W.(Hrsg.), Elterliche Trennung und Scheidung im erleben von Kindern.Sichtweisen- Bewältigungsformen- Beratungskonzepte. S. 77-105 Berlin: Verlag für Wissenschaft und Bildung

Staub L., Felder W., (2004), Scheidung und Kindeswohl. Ein Leitfaden zur Bewältigung schwierieger Übergänge. Bern: Verlag Hans Huber. S. 25

Textor Martin R. (1991) Schediungszyklus und Scheidungsberatung: ein Handbuch. Verlag Vandenhoeck& Ruprecht. S.16-89

Wallerstein, J.& Blakeslee, S. (1989). Gewinner und Verlierer. Frauen, Männer, Kinder nach der Scheidung. Eine Langzeitstudie. München:Droemer Knaur.